工程建设领域农民工工资专用账户管理暂行办法

中国劳动社会保障出版社

图书在版编目(CIP)数据

工程建设领域农民工工资专用账户管理暂行办法. --北京：中国劳动社会保障出版社，2021

ISBN 978-7-5167-5170-1

Ⅰ.①工… Ⅱ. Ⅲ.①建筑企业-民工-工资管理-法规-中国 Ⅳ.①D922.51

中国版本图书馆 CIP 数据核字(2021)第 217065 号

中国劳动社会保障出版社出版发行

(北京市惠新东街 1 号 邮政编码：100029)

*

保定市中画美凯印刷有限公司印刷装订 新华书店经销

880 毫米×1230 毫米 64 开本 0.25 印张 7 千字

2021 年 11 月第 1 版 2021 年 11 月第 1 次印刷

定价：5.00 元

读者服务部电话：(010) 64929211/84209101/64921644

营销中心电话：(010) 64962347

出版社网址：http://www.class.com.cn

人力资源社会保障部
国家发展改革委　财政部
住房城乡建设部　交通运输部
水利部　人民银行　国家铁路局
中国民用航空局　中国银保监会
关于印发《工程建设领域农民工工资专用账户管理暂行办法》的通知

人社部发〔2021〕53号

各省、自治区、直辖市及新疆生产建设兵团人力资源社会保障厅（局），发展改革委，财政（务）厅（局），住房和城乡建设厅（委、管委、局），交通运输厅（局、委），水利（务）厅（局），中国人民银行上海总部、各分行、营业管理部、各省会（首府）城市中心支行，铁路监督管理局，民航各地区管理局，银保监局：

现将《工程建设领域农民工工资专用账户管理暂行办法》印发你们，请贯彻执行。

2021 年 7 月 7 日

工程建设领域农民工工资专用账户管理暂行办法

第一章　总　　则

第一条　为根治工程建设领域拖欠农民工工资问题，规范农民工工资专用账户管理，切实维护农民工劳动报酬权益，根据《保障农民工工资支付条例》《人民币银行结算账户管理办法》等有关法规规定，制定本办法。

第二条　本办法所称农民工工资专用账户（以下简称专用账户）是指施工总承包单位（以下简称总包单位）在工程建设项目所在地银行业金融机构（以下简称银行）开立的，专项用于支付农民工工资的专用存款账户。人工费用是指建设单位向总包单位专用账户拨付的专项用于支付农民工工资的工程款。

第三条　本办法所称建设单位是指工程建设

项目的项目法人或负有建设管理责任的相关单位；总包单位是指从建设单位承包施工任务，具有施工承包资质的企业，包括工程总承包单位、施工总承包企业、直接承包建设单位发包工程的专业承包企业；分包单位是指承包总包单位发包的专业工程或者劳务作业，具有相应资质的企业；监理单位是指受建设单位委托依法执行工程监理任务，取得监理资质证书，具有法人资格的监理公司等单位。

本办法所称相关行业工程建设主管部门是指各级住房和城乡建设、交通运输、水利、铁路、民航等工程建设项目的行政主管部门。

第四条 本办法适用于房屋建筑、市政、交通运输、水利及基础设施建设的建筑工程、线路管道、设备安装、工程装饰装修、城市园林绿化等各种新建、扩建、改建工程建设项目。

第二章 专用账户的开立、撤销

第五条 建设单位与总包单位订立书面工程施工合同时，应当约定以下事项：

（一）工程款计量周期和工程款进度结算

办法；

（二）建设单位拨付人工费用的周期和拨付日期；

（三）人工费用的数额或者占工程款的比例等。

前款第三项应当满足农民工工资按时足额支付的要求。

第六条 专用账户按工程建设项目开立。总包单位应当在工程施工合同签订之日起30日内开立专用账户，并与建设单位、开户银行签订资金管理三方协议。专用账户名称为总包单位名称加工程建设项目名称后加“农民工工资专用账户”。总包单位应当在专用账户开立后的30日内报项目所在地专用账户监管部门备案。监管部门由各省、自治区、直辖市根据《保障农民工工资支付条例》确定。

总包单位有2个及以上工程建设项目的，可开立新的专用账户，也可在符合项目所在地监管要求的情况下，在已有专用账户下按项目分别管理。

第七条 开户银行应当规范优化农民工工资

专用账户开立服务流程，配合总包单位及时做好专用账户开立和管理工作，在业务系统中对账户进行特殊标识。

开户银行不得将专用账户资金转入除本项目农民工本人银行账户以外的账户，不得为专用账户提供现金支取和其他转账结算服务。

第八条 除法律另有规定外，专用账户资金不得因支付为本项目提供劳动的农民工工资之外的原因被查封、冻结或者划拨。

第九条 工程完工、总包单位或者开户银行发生变更需要撤销专用账户的，总包单位将本工程建设项目无拖欠农民工工资情况公示 30 日，并向项目所在地人力资源社会保障行政部门、相关行业工程建设主管部门出具无拖欠农民工工资承诺书。

开户银行依据专用账户监管部门通知取消账户特殊标识，按程序办理专用账户撤销手续，专用账户余额归总包单位所有。总包单位或者开户银行发生变更，撤销账户后可按照第六条规定开立新的专用账户。

第十条 工程建设项目存在以下情况，总包单位不得向开户银行申请撤销专用账户：

（一）尚有拖欠农民工工资案件正在处理的；

（二）农民工因工资支付问题正在申请劳动争议仲裁或者向人民法院提起诉讼的；

（三）其他拖欠农民工工资的情形。

第十一条 建设单位应当加强对总包单位开立、撤销专用账户情况的监督。

第三章 人工费用的拨付

第十二条 建设单位应当按工程施工合同约定的数额或者比例等，按时将人工费用拨付到总包单位专用账户。人工费用拨付周期不得超过1个月。

开户银行应当做好专用账户日常管理工作。出现未按约定拨付人工费用等情况的，开户银行应当通知总包单位，由总包单位报告项目所在地人力资源社会保障行政部门和相关行业工程建设主管部门，相关部门应当纳入欠薪预警并及时进行处置。

建设单位已经按约定足额向专用账户拨付资金，但总包单位依然拖欠农民工工资的，建设单位应及时报告有关部门。

第十三条 因用工量增加等原因导致专用账户余额不足以按时足额支付农民工工资时，总包单位提出需增加的人工费用数额，由建设单位核准后及时追加拨付。

第十四条 工程建设项目开工后，工程施工合同约定的人工费用的数额、占工程款的比例等需要修改的，总包单位可与建设单位签订补充协议并将相关修改情况通知开户银行。

第四章 农民工工资的支付

第十五条 工程建设领域总包单位对农民工工资支付负总责，推行分包单位农民工工资委托总包单位代发制度（以下简称总包代发制度）。

工程建设项目施行总包代发制度的，总包单位与分包单位签订委托工资支付协议。

第十六条 总包单位或者分包单位应当按照相关行业工程建设主管部门的要求开展农民工实名制管理工作，依法与所招用的农民工订立劳动合同并进行用工实名登记。总包单位和分包单位对农民工实名制基本信息进行采集、核实、更新，建立实名制管理台账。工程建设项目应结合行业特点配备农民工实名制管理所必需的软硬件设施设备。

未与总包单位或者分包单位订立劳动合同并进行用工实名登记的人员，不得进入项目现场施工。

第十七条 施行总包代发制度的，分包单位以实名制管理信息为基础，按月考核农民工工作量并编制工资支付表，经农民工本人签字确认后，与农民工考勤表、当月工程进度等情况一并交总包单位，并协助总包单位做好农民工工资支付工作。

总包单位应当在工程建设项目部配备劳资专管员，对分包单位劳动用工实施监督管理，审核分包单位编制的农民工考勤表、工资支付表等工资发放资料。

第十八条 总包单位应当按时将审核后的工资支付表等工资发放资料报送开户银行，开户银行应当及时将工资通过专用账户直接支付到农民工本人的银行账户，并由总包单位向分包单位提供代发工资凭证。

第十九条 农民工工资卡实行一人一卡、本人持卡，用人单位或者其他人员不得以任何理由扣押或者变相扣押。

开户银行应采取有效措施，积极防范本机构农民工工资卡被用于出租、出售、洗钱、赌博、诈骗和其他非法活动。

第二十条 开户银行支持农民工使用本人的具有金融功能的社会保障卡或者现有银行卡领取工资，不得拒绝其使用他行社会保障卡银行账户或他行银行卡。任何单位和个人不得强制要求农民工重新办理工资卡。农民工使用他行社会保障卡银行账户或他行银行卡的，鼓励执行优惠的跨行代发工资手续费率。

农民工本人确需办理新工资卡的，优先办理具有金融功能的社会保障卡，鼓励开户银行提供便利化服务，上门办理。

第二十一条 总包单位应当将专用账户有关资料、用工管理台账等妥善保存，至少保存至工程完工且工资全部结清后 3 年。

第二十二条 建设单位在签订工程监理合同时，可通过协商委托监理单位实施农民工工资支付审核及监督。

第五章　工资支付监控预警平台建设

第二十三条　人力资源社会保障部会同相关部门统筹做好全国农民工工资支付监控预警平台的规划和建设指导工作。

省级应当建立全省集中的农民工工资支付监控预警平台，支持辖区内省、市、县各级开展农民工工资支付监控预警。同时，按照网络安全和信息化有关要求，做好平台安全保障工作。

国家、省、市、县逐步实现农民工工资支付监控预警数据信息互联互通，与建筑工人管理服务、投资项目在线审批监管、全国信用信息共享、全国水利建设市场监管、铁路工程监督管理等信息平台对接，实现信息比对、分析预警等功能。

第二十四条　相关单位应当依法将工程施工合同中有关专用账户和工资支付的内容及修改情况、专用账户开立和撤销情况、劳动合同签订情况、实名制管理信息、考勤表信息、工资支付表信息、工资支付信息等实时上传农民工工资支付监控预警平台。

第二十五条 各地人力资源社会保障、发展改革、财政、住房和城乡建设、交通运输、水利等部门应当加强工程建设项目审批、资金落实、施工许可、劳动用工、工资支付等信息的及时共享，依托农民工工资支付监控预警平台开展多部门协同监管。

各地要统筹做好农民工工资支付监控预警平台与工程建设领域其他信息化平台的数据信息共享，避免企业重复采集、重复上传相关信息。

第二十六条 农民工工资支付监控预警平台依法归集专用账户管理、实名制管理和工资支付等方面信息，对违反专用账户管理、人工费用拨付、工资支付规定的情况及时进行预警，逐步实现工程建设项目农民工工资支付全过程动态监管。

第二十七条 加强劳动保障监察相关系统与农民工工资支付监控预警平台的协同共享和有效衔接，开通工资支付通知、查询功能和拖欠工资的举报投诉功能，方便农民工及时掌握本人工资支付情况，依法维护劳动报酬权益。

第二十八条 已建立农民工工资支付监控预警平台并实现工资支付动态监管的地区，专用账户开立、撤销不再要求进行书面备案。

第六章 监督管理

第二十九条 各地应当依据本办法完善工程建设领域农民工工资支付保障制度体系，坚持市场主体负责、政府依法监管、社会协同监督，按照源头治理、预防为主、防治结合、标本兼治的要求，依法根治工程建设领域拖欠农民工工资问题。

第三十条 各地人力资源社会保障行政部门和相关行业工程建设主管部门应当按职责对工程建设项目专用账户管理、人工费用拨付、农民工工资支付等情况进行监督检查，并及时处理有关投诉、举报、报告。

第三十一条 人民银行及其分支机构、银保监会及其派出机构应当采取必要措施支持银行为专用账户管理提供便利化服务。

第三十二条 各级人力资源社会保障行政部门和相关行业工程建设主管部门不得借推行专用账户制度的名义，指定开户银行和农民工工资卡办卡银行；不得巧立名目收取费用，增加企业负担。

第七章　附　　则

第三十三条　各省级人力资源社会保障行政部门可根据本暂行办法，会同相关部门结合本地区实际情况制定实施细则。

第三十四条　同一工程建设项目发生管辖争议的，由共同的上一级人力资源社会保障部门会同相关行业工程建设主管部门指定管辖。

第三十五条　本暂行办法自印发之日起施行。办法施行前已开立的专用账户，可继续保留使用。